I know this to be true

Ebenfalls in dieser Reihe erschienen:
Ruth Bader Ginsburg: Über Entschlossenheit, Gleichheit und Leidenschaft
Jacinda Ardern: Über Freundlichkeit, Empathie und Stärke
Greta Thunberg: Über Wahrheit, Mut und die Rettung unseres Planeten

Gloria Steinem

I know this to be true

Über Mitgefühl,
Integrität und
Aufrichtigkeit

Interview und Fotografien

Geoff Blackwell

ELISABETH
SANDMANN
VERLAG

In Zusammenarbeit mit

Blackwell&Ruth.

Dem Gedenken und Vermächtnis
Nelson Mandelas gewidmet

»Ich stellte fest, dass gewöhnliche Leute klug sein konnten und kluge Leute gewöhnlich, dass Entscheidungen am besten von denen getroffen wurden, die sie zu tragen hatten, und dass der Mensch unendlich flexibel ist, wenn es darum geht, sich den Erwartungen seines Umfeldes anzupassen.«

Einleitung

Gloria Steinem hat einen erheblichen Teil ihres Lebens mit Reisen verbracht. Als kleines Kind zog sie mit ihren Eltern und ihrer Schwester in einem Wohnwagen kreuz und quer durch die USA. Es gab keinen Plan und keine Schule, die einzige Konstante war die Vertrautheit der Straße. Die Familie lebte von dem Geld, das der Vater unterwegs mit dem Verkauf von Antiquitäten verdiente.

Diese Erfahrung hat Gloria Steinems Identität unwiderruflich geprägt. »Zu neuen Reisen aufzubrechen – was auch immer bedeutet, sich selbst von einer Reise aufbrechen zu lassen –, hat mich menschlich verändert«, schreibt sie in ihrem Buch *My Life on the Road.* »Unterwegs sein ist so chaotisch wie das Leben selbst. Es führt uns aus der Verblendung in die Wirklichkeit, aus der Theorie in die Praxis, aus dem Zaudern ins Handeln, aus der Statistik in die Story – kurz gesagt, aus dem Kopf ins Herz.«[1]

Das Unterwegssein hat sie schon als junges Mädchen zu der sie seither begleitenden Überzeugung geführt, dass alle Menschen ungeachtet ihrer gesellschaftlichen Stellung gleich sind.

»Bei Familien geht es nicht um die Form, sondern um den Inhalt. Menschen werden nicht hierarchisch geordnet, wir sind alle miteinander verbunden.«[2]

Mit Anfang zwanzig lebte sie zwei Jahre lang als Stipendiatin in Indien. Dort lernte sie Gandhis gewaltfreie Aktionen aus erster Hand kennen und entdeckte die traditionelle Praxis der dörflichen Gesprächskreise, bei denen jede Person gleichgestellt ist und dazugehört. Durch das Zuhören lernen die Beteiligten, Verständnis – und Respekt – für die Ansichten der anderen zu entwickeln, sich zu öffnen und eine Verbindung zueinander herzustellen.

Diese Erfahrung sollte sich als sehr nachhaltig erweisen. Steinem hat die Methode seitdem immer wieder in ihrem Leben angewandt.

Noch in Indien begann Gloria Steinem als freie Journalistin zu arbeiten. Den Grundstein für ihre erfolgreiche Karriere legte sie bei ihrer Rückkehr in die USA, als sie Beiträge für bekannte Zeitschriften wie *Esquire*, *Show* und *Cosmopolitan* schrieb. 1963 arbeitete sie undercover als Playboy Bunny in Hugh Hefners Playboy Club, um darüber einen Artikel zu schreiben (»A Bunny's Tale«), der für große Aufmerksamkeit sorgte, weil er aufzeigte, wie die weiblichen Angestellten des *Playboy*-Imperiums tagtäglich schikaniert und zu bloßen Objekten degradiert wurden. Einige Jahre später veröffentlichte das *New York Magazine* ihren Artikel »After Black Power, Women's Liberation«, mit dem sie sich endgültig als eine der bekanntesten feministischen Stimmen Amerikas etablierte.

Doch nicht nur ihre Karriere, sondern auch die Frauenbewegung gewann immer mehr an Schwung. 1972 gründete Gloria Steinem zusammen mit Gleichgesinnten das feministische Magazin *Ms.* Als Zeitschrift für Frauen und von Frauen füllte *Ms.* eine Lücke, die viel zu lange bestanden hatte. In einer traditionell männlich dominierten Branche war es alles andere als einfach, eine Zeitschrift aufzubauen, die von Frauen betrieben, finanziert und redaktionell gelenkt wurde. Die Mühe zahlte sich trotz der unzähligen Herausforderungen aus; die erste Ausgabe war innerhalb von acht Tagen ausverkauft, dazu kamen binnen weniger Wochen über 26 000 Abonnements. Die Leser:innen wollten mehr.

Ms. leistete Pionierarbeit für die damalige Zeit und berichtete als erste Zeitschrift in den USA in ihren Titelgeschichten über kontroverse Themen wie häusliche Gewalt und sexuelle Belästigung, setzte sich offen für Gleichberechtigung ein, basierend auf dem Equal Rights Amendment von

1923, und berichtete über Frauen, die sich für die Entkriminalisierung von Abtreibungen engagierten. Mit Themen und Problemen aus dem wahren Leben bot die Zeitschrift Frauen eine einzigartige Plattform und brachte endlich ihre Sichtweise zum Ausdruck.

Gloria Steinem nutzte ihr wachsendes Ansehen auf vielfältige Weise. Sie setzte sich aktiv für zahlreiche Projekte ein, darunter natürlich für die Rechte von Frauen – im Berufsleben, zu Hause, an Schulen und Hochschulen und auf der Straße –, für die reproduktive Selbstbestimmung und für die Gleichstellung von People of Color. Unermüdlich bringt sie ihre Überzeugung zum Ausdruck, dass alle Menschen gleich sind, dass sie unabhängig von ihrer Hautfarbe, Herkunft, ihrem Alter, Geschlecht oder sozialem Status behandelt werden sollten. »Ich stellte fest, dass gewöhnliche Leute klug sein konnten und kluge Leute gewöhnlich, dass Entscheidungen am besten von denen getroffen wurden, die sie zu tragen hatten, und dass der Mensch unendlich flexibel ist, wenn es darum geht, sich den Erwartungen seines Umfeldes anzupassen«, schrieb sie.[3]

Doch Gloria Steinem schreibt nicht nur über ihre Werte und Ansichten; sie lebt sie auch. Vor der Gründung von *Ms.* hatte sie 1971 zusammen mit über 300 anderen Frauen den National Women's Political Caucus ins Leben gerufen. Die noch heute aktive Organisation bietet Frauen in der Politik Unterstützung und Weiterbildungsmöglichkeiten. 1977 organisierte Gloria Steinem zusammen mit der Kongressabgeordneten Bella Abzug die National Women's Conference in Houston, Texas, die Frauen aus allen Bereichen der Gesellschaft zusammenführte und einte. Die über 20 000 Teilnehmer:innen diskutierten über Themen wie Außenpolitik, Bildungsreformen und Kinderbetreuung.

Auf ihren folgenden Reisen – im wörtlichen wie im übertragenen Sinn – wurde ihr klar, dass ihr Weg noch lange nicht zu Ende war und es vielleicht auch nie sein würde. »In meinen ersten Tagen als Aktivistin dachte ich, ich würde das (mit ›das‹ meine ich den Feminismus) ein paar Jahre lang machen und dann in mein richtiges Leben zurückkehren«, schrieb sie in einem Artikel für *Ms.* »Doch wie so viele andere in heutigen und in früheren Bewegungen habe ich festgestellt, dass das nicht einfach etwas ist, um das man sich ein Jahr lang oder zwei oder drei Jahre lang kümmert. Wir machen das ein Leben lang – und für unser

Leben. Wir müssen uns dafür nicht einmal den bisherigen Gang der Geschichte vor Augen führen. Wir müssen nur zurückblicken auf die weniger erfüllten Menschen, die wir einst waren.«[4]

Und so setzte Gloria Steinem ihr Engagement immer weiter fort und ist auch heute noch aktiv. 1992 war sie Mitbegründerin von Choice USA (heute URGE: Unite for Reproductive and Gender Equity), einer Organisation, die für das Recht auf Abtreibung, Familienplanung und Gleichberechtigung mobil macht. Auch engagiert sie sich weiterhin in der Politik.

Als Rednerin und Organisatorin ist die 1934 Geborene noch immer viel unterwegs, um sich für Gleichberechtigung einzusetzen. In ihrem Buch *My Life on the Road* ermuntert sie andere, sich für die Vorstellung von einem Leben als Reise zu öffnen – unabhängig davon, ob dieses Unterwegssein kurz oder lang ausfällt. Diese Reise muss nicht in der physischen Welt erfolgen. Sie kann auch metaphorisch gemeint sein, etwa indem man in die Vergangenheit oder Kultur eines Landes eintaucht. Gloria Steinem hat beides gemacht. Man könnte sie als Nomadenseele bezeichnen, als Wandernde. Und ihre Reise ist noch nicht beendet.

»Für Vertrauen ist ein gewisses Maß an Ehrlichkeit und Authentizität erforderlich. Nichts geht ohne Vertrauen.«

Prolog

Wir sollten uns weniger Gedanken über das machen, was wir tun müssten, sondern mehr über das, was wir tun können. Diejenigen von uns, die an Macht gewohnt sind, müssen lernen, nicht nur zu reden, sondern auch genauso zuzuhören, und diejenigen, die weniger Macht haben, müssen lernen, ebenso viel zu reden, wie sie zuhören.

Wir können nicht wissen, welche Bedeutung unsere gegenwärtigen Handlungen für die Zukunft haben werden, aber wir können uns so verhalten, als sei alles, was wir tun, von entscheidender Wichtigkeit.

Bereits das Vorhandensein oder Fehlen von Adjektiven kann eine Hierarchie infrage stellen. Zum Beispiel benötigt man bei der Nennung der meisten Menschen – mit Ausnahme der heterosexuellen weißen Männer – anscheinend noch immer ein erklärendes Adjektiv – das zeigen Formulierungen wie weibliche Schriftsteller, Schwarze Ärzte und schwule oder lesbische Kandidat:innen. Die Mächtigen hingegen brauchen nur das Substantiv. Natürlich bedarf es weiterhin Adjektiven, um bestimmte Gruppen sichtbar zu machen, trotzdem könnten wir der Politik der Worte etwas entgegensetzen, indem wir beispielsweise auch Adjektive für die Mächtigen einsetzen. Dann wäre Philip

Roth nicht nur ein Autor, sondern ein männlicher Autor, und Donald Trump nicht nur ein Immobilienmogul, sondern ein weißer Immobilienmogul. Und da Hollywood-Filme über das alltägliche Leben von Frauen geringschätzig als »Chick Flicks« bezeichnet, könnte man doch Filme über das alltägliche Sterben als »Prick Flicks« (»Machofilme«) bezeichnen.

Nichts ist zu klein – oder zu groß –, um ein Umdenken zu bewirken.

Gemeinsam entwickeln wir uns von einer Gesellschaft, die auf einem pyramidenförmigen oder hierarchischen Organisationsprinzip basiert, zu einer Gemeinschaft, die sich den Kreis zum Vorbild nimmt. Die Menschen sind darin miteinander verbunden, nicht hierarchisch untergeordnet.

Und wir sollten nicht vergessen, dass der Zweck nicht die Mittel heiligt; die Mittel sind der Zweck. Wenn wir in Zukunft tanzen und lachen wollen und Freundschaft und Freundlichkeit pflegen wollen, muss es bereits auf dem Weg Tanzen und Lachen, Freundschaft und Freundlichkeit geben.

Das ist das Kleine und zugleich das Große daran.

In meinem Alter fragen mich die Leute in unserer immer noch hierarchischen Zeit, ob ich

Prolog

»die Fackel weiterreichen« würde. Ich erkläre ihnen dann, dass ich meine Fackel behalte, vielen Dank auch – und dass ich sie dazu nutze, die Fackeln der anderen zu entzünden.

Denn nur wenn wir alle eine Fackel haben, wird es genügend Licht geben.

Aus einer Ansprache im National Press Club, Washington D.C., am 19. November 2013 – am folgenden Tag wurde Gloria Steinem die Presidential Medal of Freedom verliehen.

»Wir werden nicht still sein, wir werden uns nicht zusammenreißen, wir werden uns für eine Welt einsetzen, in der alle Länder miteinander verbunden sind. Gott mag in jedem noch so kleinen Detail stecken, doch die Göttin steckt in den Verbindungen.«

Das Interview

Was ist Ihnen wirklich wichtig?

Anscheinend alles, das ist ja das Problem! Aber ich denke, alles, was authentisch ist, was dringend ist oder empathisch. Am Ende zählt das, wozu man eine persönliche Verbindung aufbaut und was einen auch mit anderen Menschen verbindet.

Was haben Sie sich als junger Mensch erhofft, was haben Sie angestrebt?

Als ich ein Kind war, gab es keine Bewegung für soziale Gerechtigkeit, zumindest keine, von der ich gehört hätte. Ich wusste, dass meine Mutter weinte, wenn Präsident Roosevelt erwähnt wurde, weil er uns aus der Wirtschaftskrise herausgeführt hatte, daher fühlte ich mich der Regierung in gewisser Weise verbunden; ich wusste, dass sie wichtig war. Abgesehen davon lebte ich in der Welt der Bücher. Louisa May Alcott war meine erste Freundin. Sie versuchte, Schriftstellerin zu werden und schrieb über die Welt der Frauen und über den Bürgerkrieg.[5] Ich würde sagen, meine Kindheit bestand aus einer Kombination aus Lesen und der Liebe zu Tieren. Ich war total verrückt nach jungen

Hunden, Kaninchen und Pferden. Ich denke, das ist bei Kindern nicht ungewöhnlich, dieses Bedürfnis nach Empathie. Wenn man noch so klein ist … und Tiere noch kleiner sind, hat man das Gefühl, man könne sie retten und ihnen helfen.

Bücher aber können meiner Meinung nach keine echte Empathie erzeugen. Wir können Empathie nur empfinden, wenn wir alle fünf Sinne anwenden. Wir lernen aus Büchern viel über Gefühle, was sehr wichtig ist, aber wir können durch sie nicht wissen, was der andere Mensch empfindet. Wir produzieren beim Lesen kein Oxytocin, das Hormon, das es ermöglicht, uns mit anderen Menschen verbunden zu fühlen; ohne dieses Hormon könnte unsere Spezies nicht überleben. Ich bin dankbar, dass ich Eltern hatte, die ich liebte und die mich liebten; und Tiere. Und dass ich Träume für meine Zukunft hatte.

Ich ging immer bis Halloween in die Schule, dann wurde es kalt und mein Vater verkündete: »Okay, es ist Zeit, alles in den Wohnwagen zu packen und nach Florida oder Kalifornien zu fahren.« Ich kannte kein anderes Leben, allenfalls aus Filmen – auf das ich ein bisschen neidisch war. Ich sah all die Kinder in Häusern mit schmucken Holzzäunen, die in die Schule gingen. Und ich saß immer hinten im Auto und las.

Meine Mutter sagte dann: »Schau doch! Schau, was wir sehen.« Und ich erwiderte: »Och, ich habe doch schon vor einer Stunde rausgeschaut.«

Erst später lernte ich dieses Leben schätzen und erkannte, wie richtig es in gewisser Weise war, dass ich nicht zur Schule gegangen oder immer nur ein paar Monate dort war. Das hat mich vielleicht davor bewahrt, Menschen anderer Hautfarbe zu diskriminieren, weil ich mir das dort wahrscheinlich abgeschaut hätte. Gut, dafür bin ich bis heute schlecht in Mathematik, das ist ein Problem. Aber in meinem späteren Leben habe ich meine Kindheit schätzen gelernt, auch wenn ich sie damals gern eingetauscht hätte, um so wie alle anderen zu sein.

*

Soweit ich weiß, besitzt jeder Mensch die Fähigkeit zur Empathie, wenn auch in unterschiedlichem Maße. Legt man jemandem ein Baby in den Arm, ob Mann oder Frau, verspürt er oder sie Empathie. Beobachten wir einen Unfall, wollen wir helfen, weil wir Empathie empfinden – auch wenn die Person uns fremd ist. Ich bin überzeugt, dass wir alle mit einem gewissen Maß an Einfühlungsvermögen ausgestattet sind. Ich bin zugleich überzeugt, dass sowohl Frauen als auch Angehörige anderer

Gruppen zuweilen ganz besonders empathisch sind, denn nicht selten wissen sie besser, was andere fühlen, als was sie selbst empfinden.

Ich sage anderen Frauen oft: Seht, die goldene Regel war toll, geschrieben von einem klugen Mann für Männer. »Was du nicht willst, dass man dir tu', das füg' auch keinem anderen zu – behandle andere so, wie du auch behandelt werden möchtest.« Aber Frauen müssen diese Regel wahrscheinlich umdrehen. Wir müssen lernen, uns selbst so gut zu behandeln, wie wir andere behandeln.

Gibt es eine bestimmte Person oder mehrere Personen, die Sie mit ihrem Beispiel oder ihrer Weisheit besonders inspiriert haben?

Mir fällt da Wilma Mankiller ein, Oberhaupt der Cherokee – eine unserer ursprünglichen Nationen, bevor Kolumbus leider hier auftauchte.[6] Die indigenen Nationen waren sehr auf Gleichheit ausgerichtet, sie waren als Kreis, nicht als Pyramide organisiert. Nach mehreren Jahrhunderten, in denen ihr Volk sehr gelitten hatte, wurde Wilma zum ersten weiblichen Häuptling gewählt. Sie war eine hundertprozentig authentische Person, lustig und klug.

Und sie verkörperte die Verbindung zu einer Vergangenheit, über die wir nichts erfahren hatten: die Zeit vor dem Monotheismus, vor dem Kolonialismus, die Zeit vor 600 Jahren, als es nicht nur um die Eroberung von Territorium ging, und es noch all die vielen anderen Kulturen gab. Bis ich Wilma begegnete, hatte ich geglaubt, dass das, was ich mir erhoffte, vielleicht einmal in Zukunft existieren könnte. Aber dann merkte ich: »Moment mal, ein Teil davon ist Erinnerung. Ein Teil liegt womöglich in uns selbst.« Meiner Meinung nach hat es politische Gründe, dass wir zum Beispiel nichts wissen über die Vergangenheit der Khoisan in Afrika, über die alten Kulturen. Es scheint, als ob es zwei verschiedene Dinge seien: die Geschichte und die Vergangenheit. Sie sind keineswegs identisch.

Ich habe Wilma über die Ms. Foundation for Women kennengelernt, die erste landesweite Stiftung für Frauen in den USA. Wir hatten sie gegründet, weil wir irrtümlich glaubten, mit der Zeitschrift würden wir jede Menge Geld verdienen – aber am Ende war es natürlich eher so, dass wir Geld auftreiben mussten. Und wir hatten Native Americans im Stiftungsrat – Wilma kannte ich bis dahin nicht, aber Rayna Green, eine Cherokee-Anthropologin, empfahl uns Wilma.[7]

Das war ein bisschen so, als lernte man einen Baum kennen – sie war so fest verwurzelt und natürlich –, aber gleichzeitig hatte man eine tolle, stets zu Schabernack aufgelegte Freundin, denn sie hatte auch diese Seite, wild und blühend. Ich begriff damals erst ansatzweise, dass die Wurzel der Unterdrückung der Verlust der Erinnerung ist, wie man so sagt. Wilma half mir zu erkennen, was existiert hatte, was noch ein bisschen existiert und was wieder existieren könnte.

Es ist von grundlegender Bedeutung, dass wir beim Lernen unsere Augen nicht vor den Unterschieden verschließen, uns nicht vom Prinzip des sich Gleichenden bestimmen lassen. Ich denke, unsere Neugier wird immer wieder dann geweckt, wenn ein Mensch etwas verkörpert, das wir nicht kennen, und natürlich muss dieser Mensch ehrlich sein. Für Vertrauen ist ein gewisses Maß an Ehrlichkeit und Authentizität erforderlich. Nichts geht ohne Vertrauen.

*

Ich habe nicht die Erfahrung gemacht, dass ich jemand anderes sein wollte, aber ich habe schon ab und zu gedacht: »Ich will das machen, was die anderen machen.« In dem Zusammenhang fällt mir ein Erlebnis nach meinem ersten Umzug nach New York ein. Ich ging eine der Avenuen entlang, schaute über die Straße und sah eine Frau in einem australischen Reitmantel, mit Cowboystiefeln und Cowboyhut, ohne Handtasche – irgendwie war es bedeutend für mich, dass sie keine Handtasche hatte –, ich sah sie nur für 30 Sekunden, aber ich dachte: »Das ist die erste freie Frau, die ich je in meinem Leben gesehen habe. Ich will auch eine freie Frau sein.« Das war ein ganz kurzer, winziger Augenblick. Aber ich denke, die Persönlichkeit, die bereits in dir steckt, reagiert auf Dinge, die dir helfen, diese einzigartige Persönlichkeit zu entwickeln.

Ich bin überzeugt, dass wir versuchen, diese Persönlichkeit zum Ausdruck zu bringen und zugleich empathische Verbindungen zu anderen aufbauen. Es gibt schließlich einen Grund, warum Einzelhaft so eine brutale Strafe ist. Wir brauchen die Gesellschaft anderer Menschen.

Ich hatte Glück, dass meine Eltern keine Monotheisten irgendwelcher Art waren. Mein Vater hatte kein Interesse an Religion oder Spiritualität, die Frauen in der Familie schon, aber auf ihre eigne Art. Sie waren Persönlichkeiten, die sowohl die Individualität jedes Einzelnen als auch die

»Eine der einfachsten Möglichkeiten für einen tiefgreifenden Wandel besteht darin, dass diejenigen, die weniger Macht haben, ebenso viel reden, wie sie zuhören, und diejenigen, die mehr Macht haben, so viel zuhören, wie sie reden.«

Verbindung zwischen uns allen erkannten. Ich wurde nicht in eine Familie geboren, in der ich genauso wie Tante Louise oder irgendjemand anderes werden musste.

Haben Sie bestimmte Leitlinien oder eine Philosophie, die Ihnen als Grundlage in Ihrem Leben und für Ihre Entscheidungen dient?

Ja, die habe ich, weil ich denke, dass eine spontane Demokratie entsteht, wenn man genauso viel redet, wie man zuhört, und so viel zuhört, wie man redet; wenn man beides ins Gleichgewicht bringt. Da der Zweck die Mittel heiligt, ist das wirklich die einzige Möglichkeit, am weiteren Aufbau einer Demokratie zu arbeiten. Das weiß ich heute. Aber ich glaube, vieles geht über rationale Prozesse hinaus, denn – und das ist meine Lieblingsgeschichte zum Instinkt –, wenn etwas watschelt wie eine Ente und aussieht wie eine Ente und quakt wie eine Ente, man aber denkt, es wäre ein Schwein, dann ist es ein Schwein. Ich denke, man spürt, wenn jemand authentisch ist, oder ehrlich zu sich selbst, oder etwas weiß, was man selbst nicht weiß. Das weckt Neugier in uns – eine so wunderbare Kraft, die zu spüren uns den Moment höchster Präsenz verschafft.

*

Jede:r von uns ist faktisch eine einzigartige Kombination aus Erbanlagen und Umwelteinflüssen, die noch nie zuvor zustande gekommen ist und die es auch später nie wieder so gibt. Und wir alle haben eines gemeinsam: unsere Menschlichkeit. Ich denke, wir versuchen das zu werden, was wir bereits sind, und gleichzeitig brauchen wir unbedingt Menschen, die Unterschiede respektieren, die jeden Menschen als einzigartig betrachten. Ich hatte das Glück, dass meine Mutter und auch meine beiden Großmütter Theosophen waren und an eine Art Reinkarnation glaubten.

Das theosophische Verständnis der Kindererziehung beruht darauf, dass Eltern und Familie die Pflicht haben, ein Kind zu lieben und sich um es zu kümmern. Und dem Kind helfen, zu der Person zu werden, die bereits in ihm angelegt ist. Das ist eine großartige Philosophie, weil sie bedeutet, dass man nicht einfach Onkel Harry oder sonst irgendjemandem in der Familie ähneln muss. In der Hinsicht hatte ich wirklich Glück.

Sie haben über das Zuhören und über Gesprächskreise gesprochen – was bedeuten Ihnen Gesprächskreise, und warum sind sie so wichtig?

Zuerst: In der Natur gibt es keine gerade Linie, und schon allein deshalb ist es völlig unnatürlich, dass wir Grenzen zwischen Ländern ziehen, dass wir derartige Trennungen haben. Wenn wir in Afrika wären und von einer Stadt in den Busch gehen würden, würden wir sehen, wie die geraden Linien verschwinden. Selbst das Pflügen erfolgt im Kreis, und wenn wir unsere Felder hier auch so pflügen würden, hätten wir keine Probleme mit Erosionen. Der Kreis oder die Kurve ist die natürliche, die völlig natürliche Form. Deshalb denke ich, dass bereits das Sitzen im Kreis entscheidend ist. Und wenn am Anfang der Sitzung jede Person gehört wird – wenn man mindestens einmal die Runde macht, damit jede:r etwas sagt, egal was –, dann wird aus der Runde eine Gruppe.

    Allein durch die einfache Tatsache, zuzuhören und zu sprechen und damit einbezogen zu sein, entsteht eine Gruppe. Das ist fast so bedeutend wie Luft und Wasser.

    Seit den späten Achtzigerjahren verbringen die Menschen hier in diesem Land und in vielen anderen Ländern sehr viel Zeit vor dem Bildschirm, telefonieren und arbeiten mit dem Computer – ich glaube, das sind mittlerweile zehn bis elf Stunden am Tag. Depressionen und Selbstmorde haben deshalb stark zugenommen, denn der Mensch ist von Natur aus ein Gemeinschaftswesen. Wir sollen zusammen sein. In Gesprächskreisen versuchen wir, das wiederzubeleben. Wir lösen uns von Hierarchien, indem wir die Isolation am Bildschirm aufbrechen.

Das ist ein wichtiger Lernprozess. Wir müssen für jede Stunde, die wir am Bildschirm verbringen, eine Stunde mit echten Menschen zusammen sein.

War das Zuhören für Sie, als jemand, der sich für den Wandel einsetzt, eine wichtige Waffe in Ihrem Arsenal?

Wir wählen unseren Beruf aus einem bestimmten Grund. Zwei Dinge in meinem Leben waren mir wichtig: das Tanzen und das Schreiben. Und beide kamen meiner Neigung entgegen, nicht viel reden zu wollen. Als es jedoch keine andere Möglichkeit gab zu kommunizieren, was in unserer Bewegung vor sich ging, und ich reden musste, nahm ich Sprechunterricht. Meine Lehrerin sagte damals zu mir: »Aber natürlich, meine Liebe, Sie haben sich diese Dinge ausgesucht, weil Sie nicht reden wollen.« Und weil ich nicht die ganze Zeit allein sprechen wollte, nutzte ich die Hälfte meiner Redezeit dafür, mich mit dem Publikum zu unterhalten. Dadurch entdeckte ich, dass das so viel mehr Freude machte, aufregender war und ich viel mehr lernte. Aber bis heute muss ich während meiner Vorträge dafür kämpfen, denn von den Veranstalter:innen heißt es oft: »Also, die Leute müssen ihre Fragen auf Zettel schreiben, bevor Sie sprechen; aber sie wissen nicht, was Sie sagen werden. Weil sonst womöglich jemand aufsteht und das Gespräch an sich reißt.« Und ich erwidere dann immer: »Hören Sie, wenn jemand aufsteht und zu lange redet, wird jemand anderes der- oder demjenigen sagen, dass er oder sie sich wieder hinsetzen soll.« Man muss seinem Publikum vertrauen, es einfach geschehen lassen. Es funktioniert auf ganz unterschiedliche Weise, aber es funktioniert immer.

Das Interview

Welche Eigenschaften halfen Ihnen am meisten, Ziele in Ihrem Leben und in Ihrer Karriere zu erreichen?

Ich würde sagen, das Wichtigste für mich war, dass ich als Autorin das Glück hatte, zumeist über Themen schreiben zu können, die mir am Herzen lagen. Denn ich lebe in einer Zeit der Bewegungen für soziale Gerechtigkeit – eine Bewegung heißt, dass man Freund:innen hat, die dasselbe tun, das macht eine Bewegung aus. Ich hatte das Glück, zur richtigen Zeit zu leben. Das ist in jeder Hinsicht ein Geschenk.

Es ist ein Geschenk, Teil einer Bewegung zu sein, in der es jede Menge Unterschiede gibt, denn aus Unterschieden lernt man wirklich etwas. Und es ist ein Geschenk, weil viele Generationen beteiligt sind.

Ich denke, Alter ist eine ähnlich furchtbare Trennlinie wie jede andere Form der Trennung. Wir müssen uns organisieren, wir müssen zusammen sein; wenn man alt ist, hat man auch Hoffnung, weil man sich daran erinnert, dass es schon schlimmer war. Und wenn man jung ist, ist man wahnsinnig wütend, weil alles besser sein sollte. Wir brauchen beides. Wir können voneinander lernen.

»Momente sind wie Flüsse. Ein zweites Mal in sie einzutauchen, ist nie dasselbe.«

*

In meiner Kindheit und Jugend las ich viel und liebte bestimmte Autor:innen – deshalb wollte ich Autorin werden. Ich versuchte, über das zu schreiben, was meine Neugier weckte, oder das, was meiner Ansicht nach nicht ausreichend bekannt war. Das schien eine natürliche Entwicklung. Ich hatte das Glück, dass ich das fortsetzen und zu jemandem werden konnte, der tatsächlich nie einen richtig festen Job hatte. Ich war immer eine Freelancerin. Das liegt natürlich auch daran, dass ich keine Kinder hatte, die ich unterstützen musste, ich musste nur für mich selbst sorgen. Und ich war daran gewöhnt, ein unstetes Leben zu führen, so war ich aufgewachsen.

Denken Sie, es ist wichtig, die eigene Perspektive mit anderen zu teilen?

Ja, das ist es. Wenn ich zum Beispiel Alice Walker[8] oder Robin Morgan lese, dann habe ich das Gefühl, nicht allein zu sein, dass sie meine Gedanken weiterführen. Robin Morgan schreibt zum Beispiel: »Hass generalisiert, Liebe spezifiziert.« Ziemlich gut für vier Worte, oder? Es geht darum, den eigenen

Interessen und seiner Neugier zu folgen, und um den »Aha-Faktor«.[9]

Und ich möchte noch etwas sagen: Man muss auch dem Lachen folgen. Lachen ist der absolute Schlüssel zur Freiheit. Lachen ist die einzige Emotion, die man nicht erzwingen kann. Im Gegensatz zur Angst. Und sogar zur Liebe; wenn man lange genug abhängig ist, verstrickt man sich darin. Wie beim Stockholm-Syndrom, man denkt, man sei an eine bestimmte Person gebunden. Aber Lachen entsteht nur, wenn man etwas versteht, wenn sich zwei Dinge zusammenfügen.

Die ursprünglichen Kulturen hier, und sicher auch in anderen Ländern, wissen das. Bei ihnen wird das Lachen von verschiedenen Geistern verkörpert, die weder männlich noch weiblich sind. Lachen stößt ins Unbekannte vor, sagen sie. Wer nicht lachen kann, kann auch nicht beten.

Meiner Ansicht nach ist das Kostbarste nicht der Entschluss, also dass man sagt »Ich werde das tun«, sondern der Moment, wenn die Dinge zusammenkommen und man das erkennt und weiß, das ist das Richtige.

Was sind für Sie die wichtigsten Lektionen in Ihrem Leben und Ihrer Karriere?

Ich habe gelernt, dass Streben nach Geld im Grunde langweilig ist. Gut, wir alle brauchen Geld, damit wir etwas zu essen haben und eine schöne Wohnung, und damit wir uns amüsieren können. Aber uns wird vermittelt, dass reiche Menschen – nur weil sie reich sind – auch interessant wären. Das stimmt überhaupt nicht! Frauen bekommen das besonders zu spüren, denn wenn sie zu einem Mann gehören, der in dieser Welt akzeptiert wird, dann werden auch sie akzeptiert. Wie langweilig muss das für sie sein!

Wenn Leute zu mir kommen und mir sagen, dass etwas, an dem ich beteiligt war, ihnen in ihrem Leben sehr geholfen hat, und mir davon erzählen, dann gibt mir das so unglaublich viel mehr, als wenn ich nur auf mein Geld schauen würde. Ich möchte an der Harvard Business School ein Seminar mit dem Titel »Geld ist langweilig« geben, und ein kleines Unterseminar »Wann ist es genug?«. Denn allgemein wird uns das Gefühl vermittelt, es sei toll, immer mehr anzuhäufen. Auch halte ich Erbschaften für ein Problem, weil sie Menschen zerstören. Ich bin so dankbar, dass ich kein Geld geerbt habe.

Es ist völlig nachvollziehbar, wenn man sich um Essen und ein Dach über dem Kopf sorgen muss, um die Kinder und deren Ausbildung. Das ist absolut verständlich. Aber was darüber hinausgeht, hat keinen Sinn. Derzeit müssen wir uns Sorgen machen, weil wir in einer Zeit der sozialen Spaltung leben. Ich glaube, das ist sogar noch schlimmer als die aktuelle Wirtschaftskrise, weil eine sehr kleine Gruppe immensen Reichtum angehäuft hat. Zwar sagen die Leute: »Oh, in eurem Land ist die Arbeitslosigkeit aber niedrig«, Tatsache aber ist, dass viele Leute zwei Jobs machen müssen, um überhaupt über die Runden zu kommen.

Können Sie einen Schlüsselmoment oder eine Krise beschreiben, die Sie besonders gefordert hat?

Ich glaube, die schwierigste Krise ist die, wenn man von Menschen, mit denen man einer Meinung ist und mit denen man zusammenarbeitet, aus anderen Gründen abgelehnt wird. – Es gibt natürlich auch viele Menschen, bei denen ich entsetzt wäre, wenn sie mich gut finden würden! Und ich mich dann fragen müsste »Was mache ich nur falsch?« – Doch ich denke in diesem Zusammenhang an Kolleg:innen und Landsleute, die aus allen möglichen Gründen nicht in der Lage sind, sich selbst und ihre Fähigkeiten zu erkennen. Wenn sie sehen, dass jemand anderes etwas erreicht, verhalten sie sich so wie im »Krabbenkorb-Syndrom« beschrieben. Ich glaube, man nennt es auch »Tall-Poppy-Syndrom«: Alle wollen aus dem Loch herauskommen, in dem sie sitzen, aber diejenigen, die aufstehen und es versuchen, werden von den anderen wieder nach unten gezogen – anstatt dass sie ihnen helfen. Ein solches Verhalten mir gegenüber war eine sehr schmerzliche Erfahrung.

Wie gehen Sie mit Fehlern oder gescheiterten Projekten um?

Ich kann mir nur schwer abgewöhnen, mich im Nachhinein zu kritisieren, vor allem, wenn es um meine Reden geht, da ich dafür nicht geboren bin. Auch heute noch mache ich mir immer um zwei Dinge Gedanken – was ich gesagt habe und was ich nicht gesagt habe. Und im Hinterkopf übe ich ständig. Ich habe wirklich Schwierigkeiten, mir das abzugewöhnen. Eine weitere Angewohnheit von mir, von der ich sagen würde, dass sie nicht gut ist, ist wohl die, dass ich zu viel in der Zukunft lebe. Ich sage mir immer: »Also, wenn wir das machen, dann würde vielleicht das passieren?« Und da man nicht in der Zukunft leben kann – man kann nur in der Gegenwart leben –, ist das etwas, worüber ich mir ständig Gedanken mache. Ich befürchte ein bisschen, dass ich noch auf dem Totenbett sagen werde: »Aber!«

Was bedeutet für Sie Führungsstärke?

Führungsstärke bedeutet für mich in erster Linie, mit »gutem Beispiel« voranzugehen. Ich glaube, wir orientieren uns viel öfter an dem, was wir sehen, als daran, was uns gesagt wird: Wenn wir also jemanden sehen, der etwas leistet, was wir auch leisten wollen, oder der etwas erkannt hat, was wir erkennen wollen – vor allem dann, wenn wir uns mit dieser Person verbunden fühlen.

Eine solche Verbundenheit fühlen ja nicht nur Frauen zu Frauen oder Schwarze Menschen zu Schwarzen Menschen, doch wenn alle anderen nicht so aussehen wie man selbst, dann ist das schon schwierig. Unter ihnen muss es zumindest ein paar Leute geben, die einem selbst ähnlich sind und das erreicht haben, was man selbst erreichen will.

In dem Zusammenhang fällt mir Wilma Mankiller ein. Sie wirkte allein schon durch ihre Präsenz, sie war sehr authentisch. Wirklich sehr präsent – ob man nun mit ihr lachte oder ernst war. Sehr ehrlich. Und auch Alice Walker ist durch ihre Werke und ihr Leben ein Vorbild und dadurch eine Führungspersönlichkeit.

Ich würde eigentlich auch Gandhi nennen, allerdings erfuhr ich in Indien, dass er bei seiner Organisationsstrategie die indische Frauenbewegung kopierte, die ich ja erst viel später kennenlernte. Das erfuhr ich von Kamaladevi Chattopadhyay, einer in Indien sehr berühmten, wunderbaren Frau, die mit Gandhi zusammenarbeitete.[10]

Gemeinsam mit einer Freundin wollte ich ein kleines Buch über Gandhis Taktik schreiben, weil wir dachten, das könnte hilfreich für Frauengruppen auf der ganzen Welt sein. Kamaladevi Chattopadhyay hörte uns sehr geduldig zu und sagte dann, »aber natürlich, meine Lieben, hat er sich alles, was er wusste, von uns abgeschaut«. Ich finde das auch deshalb interessant, weil wir uns manchmal – ich glaube, es war Vita Sackville-West[11], die sagte: »Ich habe tote Männer für ihre

Stärke verehrt und dabei vergessen, wie stark ich selbst bin« –, zu etwas in einem anderen Menschen hingezogen fühlen, das eigentlich schon in uns steckt.

*

Und da ist noch etwas, wenn es um Führungsstärke geht: Als ich erkannte, was wir alles nicht in der Schule lernen oder vielleicht gerade erst anfangen zu lernen, ging mir auf, dass die Kulturen mit ihren über 500 Sprachen, die hier in Nordamerika existierten, bevor die Europäer:innen auftauchten, uns überlegen waren im Hinblick auf die Medizin und Anbaumethoden und auch auf die Politik. Wir haben unsere Verfassung der Verfassung der Irokesen-Konföderation nachgeahmt. Das ist die älteste kontinuierliche Demokratie der Welt. Da gab es also diese hoch entwickelten Kulturen, und plötzlich brachen die Europäer:innen, die Engländer:innen, der Kolonialismus über sie herein – dazu kamen noch die Krankheiten, gegen die sie nicht immun waren.

Und dann die über viele Generationen währende Dezimierung, eine physische Dezimierung, und die Auslöschung ihrer Geschichte, und die Generationen von Kindern, die ihnen weggenommen wurden, die nicht mehr ihre eigene Sprache sprechen durften. Sie wurden auf diese furchtbaren Internate geschickt, wo sie sexuell missbraucht wurden. Entsetzlich, einfach entsetzlich. Wie kann man das ertragen? Ich fragte das auch Wilma [Mankiller], Rebecca Adamson[12] und andere Frauen sowie einige Männer aus diesen Kulturen. Ihre Antwort: »Wir sind immer noch da.«

Wir können nicht zu hundert Prozent sagen warum, aber wir wissen, wie. Das »Warum« bezieht sich vielleicht auf die Vermutung, dass es in vorgeschichtlicher Zeit eine Art Naturkatastrophe gegeben hat, einen Meteor, der der Erde sehr nahe gekommen war. Daher sind all die Legenden wie über die Sintflut und die damit verbundene Auslöschung der älteren Kulturen in Europa nicht ganz falsch.

Eine nicht zu unterschätzende Bedeutung für die kulturelle Entwicklung hatte übrigens die Domestizierung des Pferdes. Entfernungen konnten fortan in ganz anderen Zeiträumen überwunden werden.

In Europa entstand im Lauf der Zeit offenbar das Patriarchat, was schlichtweg heißt, dass die Frauen als Mittel der Fortpflanzung kontrolliert wurden. In der zweiten Hälfte des zweiten Jahrtausends begann im überbevölkerten Europa schließlich die Ausbreitung rassistischer Ideologien als Rechtfertigung für kriegerische Eroberungen anderer Länder – man sagte »diese Leute sind minderwertig, daher ist es in Ordnung, wenn wir sie töten«. Wissen Sie, dass König Leopold die Hälfte der Bevölkerung im Kongo umbringen ließ?[13]

Getragen wurde diese Entwicklung auch vom Monotheismus, in dem die ursprüngliche und immer weiter bestehende Idee der Spiritualität, dass allen Lebewesen etwas Göttliches innewohnt, verworfen wurde. Im Monotheismus ähnelt Gott der herrschenden Klasse. Reist man am Nil entlang, von den nubischen, älteren Teilen Afrikas Richtung Kairo, begegnet man diesem Wandel in antiken Steinreliefs. Man sieht, dass in den ältesten Teilen alles abgebildet ist, Schlangen und Schmetterlinge, und Papyrus, Männer und Frauen, alles.

In den 1000 Jahre später entstandenen Reliefs gibt es schon nicht mehr so viel Natur – und die Göttin hat einen Sohn, keine Tochter. Wiederum 1000 Jahre später wurde davon noch weniger abgebildet. Der Sohn ist zu einem Gott herangewachsen, und die Göttin ist sein Thron. Man hat diese Entwicklung direkt vor Augen. Damals las ich bei Henry Breasted, einen Ägyptologen: »Der Rückzug Gottes von den Frauen und der Natur

»In Wirklichkeit wissen wir doch gar nicht, welche unserer Handlungen sich auf die Zukunft auswirken wird. Aber wir müssen so handeln, als ob alles, was wir tun, eine Rolle spielt. Weil es so sein könnte.«

sollte die Eroberung der Frauen und der Natur rechtfertigen.«[14]

Ich denke daher, dass der Monotheismus ein wesentlicher Teil des Problems ist, und nicht der Lösung. Gründe unter weiteren für den Kolonialismus waren die Bibel und das Schwert. Man versuchte nicht nur, die Körper der Menschen zu kontrollieren, sondern auch ihr Denken. Ich will damit nicht bestreiten, dass viele Menschen in der Religion Gemeinschaft, Wahrheit und Hilfsbereitschaft finden. Aber allein die Idee, dass Gott ein bestimmtes Geschlecht oder eine bestimmte Hautfarbe hat, ist bemerkenswert. Warum ist Jesus blond und blauäugig, wenn er aus dem Nahen Osten stammt? Das ist doch sehr verdächtig.

Wovon könnte die Welt Ihrer Meinung nach mehr gebrauchen?

Ich bin zwischen zwei Dingen hin- und hergerissen: Einerseits würde ich sagen, dass wir uns mehr auf unsere fünf Sinne einlassen müssten, und andererseits, dass wir eine Einrichtung zur Überprüfung von Fakten benötigen.

Diese Kombination aus Internet und Werbung! Werbung will keine Genauigkeit, Werbung will Aufmerksamkeit. Wenn es keine Werbung gäbe, hätten wir auch keinen Donald Trump. Ich meine, er hat in den Wahlen [2016] die Mehrheit um sechs Millionen Stimmen verfehlt, also müssten wir die für Trumps Sieg verantwortlichen Wahlmänner abschaffen, deren Einrichtung ursprünglich ohnehin vor allem die Staaten wollten, die die Sklavenhaltung befürworteten.

Niemand würde Trump kennen, wenn es nicht diese grauenhafte Fernsehsendung gegeben hätte, die populär war, weil sie ähnliche Gefühle erzeugte, wie die von sensationslüsternen Zuschauer:innen am Straßenrand beim Beobachten eines Unfalls. Tatsächlich sagte einer der Verantwortlichen der Show: »Donald Trump ist vielleicht nicht gut für das Land, aber er ist gut für CBS.« Angesichts einer solchen Wirklichkeit würde ich sagen, wir bräuchten eine Einrichtung zur Überprüfung von Fakten, und wir sollten für unsere eigenen Medien mehr bezahlen, anstatt zuzulassen, dass alles mit Werbung finanziert wird.

Trump ist ein typisches Beispiel für eine narzisstische Persönlichkeit. Alles, was er macht, ist vorhersehbar, weil er auf die kleinste Kritik mit extremer Feindseligkeit reagiert. Einem Lob unterwirft er sich sofort. Dank dieser zwei Eigenschaften kann man sein komplettes Handeln vorhersagen. Doch er ist kein geistig gesunder Mensch. Wenn man die Leute fragt, warum sie ihn gewählt haben, wird als häufigster Grund genannt, er sei ein guter Geschäftsmann. Dabei ist er ein furchtbar schlechter Geschäftsmann. Wenn er einfach nur das Geld investiert hätte, das er geerbt hat, wäre er heute viel reicher.

*

Ich denke, es ist wichtig zu verstehen, dass wir alle einzigartig sind, und zugleich Teil des gemeinsamen Menschseins. Und – dass die Familie nicht unbedingt die Keimzelle davon ist. Wenn es Gewalt in der Familie gibt, wird Gewalt dadurch normalisiert, und danach ist es schwierig, die Gewalt wieder auszumerzen. Wenn in der Familie eine Hierarchie besteht, ist das eine Ursache für Gewalt – und diese Gewalt spiegelt sich in allem anderen.

Eine der wenigen Vorteile weltweiter Vernetzung durch das Internet besteht darin, dass wir heute beweisen können, dass Gewalt gegen Frauen der bestimmende Faktor für den Zustand eines Landes ist, dafür, ob in seinem Innern Gewaltbereitschaft vorherrscht, oder auch, ob es bereit ist, militärisch gegen ein anderes Land vorzugehen. Entscheidende Faktoren dafür sind nicht Armut, nicht der Zugang zu natürlichen Ressourcen, nicht einmal der Grad der Demokratie oder die Religion; es ist die Gewalt gegen Frauen. Nicht, weil das weibliche Leben wichtiger wäre als das männliche, das ist es nicht. Sondern wegen des Patriarchats und der Kontrolle über die Fortpflanzung und die Kontrolle über das eine, was Männer nicht haben – eine Gebärmutter.

Die eine Hälfte der Menschheit kann die andere Hälfte nur mit Gewalt oder der Androhung von Gewalt kontrollieren. Erlebt man sie in der eigenen Familie, kann man zu dem Schluss kommen, die Dominanz der einen Gruppe über die andere sei eine Selbstverständlichkeit. Auch, weil wir sie überall um uns herum wahrnehmen, obwohl darüber in unseren Nachrichten nicht berichtet wird. Blickt man auf terroristische Gruppen, stellt man fest, dass sie, was die Geschlechterrollen betrifft, sehr polarisiert sind. Extrem polarisiert. In friedlichen oder demokratischeren Gruppen ist das viel weniger der Fall. Wenn wir das begreifen, macht uns das auch stark. Dann wissen wir, dass die Art, wie wir leben, die richtige ist: wie wir uns gegenseitig respektieren in den Familien, wie wir unsere Kinder erziehen, wie wir mit deren Einzigartigkeit umgehen, darauf achten, ihnen zuzuhören, und ihnen nicht nur sagen, was sie tun sollen – das sind Grundlagen für eine viel größere, postdemokratische und friedlichere Welt.

Welchen Rat würden Sie Ihrem zwanzigjährigen Selbst geben?

Das ist sehr schwer, weil ich nicht weiß, ob sie mir überhaupt zuhören würde! Ich glaube, ich würde einfach sagen: Erstens, es wird alles gut; und zweitens, man kann nie vorhersagen, was passieren wird, nimm es einfach so, wie es kommt, und genieße es.

Ein letzter Gedanke:

Die Vorstellung von Geschlecht und die Vorstellung von »race« ist in diesem Land immer noch sehr dominant. Ich glaube, darauf gründet auch die Angst vor Geflüchteten.
 Wenn es eine Vorschrift gäbe, Führungspositionen zur Hälfte mit Frauen und zur Hälfte mit Männern zu besetzen, wäre es vielleicht besser,

aber es würde natürlich davon abhängen, wie man sie aussucht. Man hat das in der Verwaltung indischer Dörfer versucht. Das hat mitunter zu grotesken Situationen geführt – die Männer saßen am Tisch, die Frauen nicht, weil die Männer einfach ihre Ehefrauen mitgebracht hatten, die nicht einmal sprechen durften.

Es ist von Bedeutung, dass die Frauen selbst wählen können, dass sie nicht nur Echo derer sind, die bis dahin das Sagen hatten.

Es ist keineswegs so, dass unser Gehirn von unseren Genitalien gesteuert wird, Männer wie Frauen können universale Menschen sein. Aber Frauen machen ganz andere Erfahrungen und werden anders erzogen; Dominanz zu erreichen oder eine Hierarchie an sich, ist nicht das Ziel. Unser Modell orientiert sich eher an Fürsorge und an der Familie, und das ist sehr hilfreich.

»Veränderung kommt von unten, und sie wird von Mädchen und Frauen und Männern kommen, die verstehen, dass es für uns alle besser ist, wenn wir einfach Menschen sind, anstatt nach Geschlecht unterteilt zu werden.«

»Es gibt kein ›du *sollst*‹. Man tut alles, was man kann. Wofür man sein Geld ausgibt, wen man wählt, welche Sprache man verwendet, dass man Ungerechtigkeit aufzeigt, wenn man ihr begegnet – jeder Tag bietet all diese Möglichkeiten. Die Gefahr besteht darin, dass wir nach oben blicken und fragen: ›Was soll ich tun?‹, anstatt uns gegenseitig wahrzunehmen und zu sagen: ›Ich werde alles tun, was ich kann.‹«

Über Gloria Steinem

Gloria Steinem ist eine amerikanische Autorin, Vortragende, Frauenrechtlerin und Kommentatorin, die in den Medien häufig zu Themen wie Gleichberechtigung und Gender Stellung nimmt. Sie wurde am 25. März 1934 in Toledo, Ohio, geboren. Nach ihrem Studium am Smith College erhielt sie ein Stipendium für einen Aufenthalt in Indien, wo sie zwei Jahre verbrachte und für indische Publikationen schrieb. Nach ihrer Rückkehr in die USA arbeitete sie als freie Journalistin und wurde 1963 mit einem Artikel für die Zeitschrift *Show* über den Playboy Club in New York bekannt, wo sie undercover als Playboy Bunny recherchiert hatte.

1968 war Steinem Mitbegründerin des *New York Magazine*, für das sie eine politische Kolumne und Artikel schrieb. 1972 gründete sie zusammen mit anderen die feministische Zeitschrift *Ms.*, für die sie auch heute noch als beratende Redakteurin tätig ist. Ihre Essays und Artikel erschienen in bekannten amerikanischen und internationalen Publikationen wie *New York Times Magazine*, *Cosmopolitan*, *The Guardian* und *Esquire*. Für ihre journalistische Tätigkeit erhielt sie zahlreiche Auszeichnungen, unter anderem den Penney-Missouri Journalism Award, den Women's Sports Journalism Award, den Lifetime Achievement in Journalism Award von der the Society of Professional Journalists, den Society of Writers Award von den Vereinten Nationen, die James Weldon Johnson Medal for Journalism und 2015 den Richard C. Holbrooke Distinguished Achievement Award.

Steinem war an der Gründung verschiedener Organisationen für Gleichberechtigung beteiligt, darunter die Women's Action Alliance, der National Women's Political Caucus, das Women's Media Center und die Ms. Foundation for Women sowie deren Initiative Take Our Daughters to Work Day. Sie tritt offen für das Recht auf Abtreibung ein und ist Mitinitiatorin des politischen Aktionskomitees Voters for Choice sowie der Organisation Choice USA (mittlerweile URGE), die junge Führungskräfte unterstützt, die sich für die Legalität von Abtreibungen aussprechen. Sie war Mitglied der Beyond Racism Initiative, einer gemeinsamen Initiative Südafrikas, Brasiliens und der USA, und unterstützte die Gründung von Equality Now, Donor Direct Action und Direct Impact Africa.

Steinem hat zahlreiche Bücher verfasst, darunter *Revolution from Within* (*Was heißt schon emanzipiert. Meine Suche nach einem neuen Feminismus*), *Moving Beyond Words*, *Outrageous Acts and Everyday Rebellions* (*Unerhört. Reportagen aus »Ms«*) und ihre Autobiografie *My Life on the Road*, die mehrere Wochen auf der New York Times-Bestsellerliste stand. Sie hat Filme und Dokumentationen zu sozialen und politischen Themen produziert, unter anderem über Gewalt gegen Frauen, die Misshandlung von Kindern und die Todesstrafe, und war selbst Thema von drei TV-Dokumentationen.

Steinem hat zahlreiche Auszeichnungen erhalten, darunter die Ceres Medal der Vereinten Nationen, die Presidential Medal of Freedom, die Ehrendoktorwürde der Menschenrechte vom Simmons College und die Bill of Rights Award der American Civil Liberties Union of Southern California. Sie lebt und arbeitet in New York.

gloriasteinem.com

Über das Projekt

»Eine wahre Führungspersönlichkeit muss hart arbeiten, um Spannungen abzubauen, vor allem bei sensiblen und komplizierten Themen. Extremisten erhalten meist dann besonders viel Zuspruch, wenn es Spannungen gibt und Emotionen das rationale Denken überlagern.«

– Nelson Mandela

Im Gedenken an Nelson Mandela wurde die Reihe *I know this to be true* entwickelt, um festzuhalten, was heutigen inspirierenden Führungspersönlichkeiten wirklich am Herzen liegt.

I know this to be true ist ein Projekt der Nelson Mandela Foundation, das auf Originalinterviews mit sechzig außergewöhnlichen Führungspersönlichkeiten – dreißig Männern und dreißig Frauen – in einem Zeitraum von fünf Jahren[15] basiert, die andere mit ihren Ideen, Werten und ihrer Arbeit inspirieren und unterstützen.

Mit dem Erlös aus dem Verkauf der Bücher werden in Ländern mit einer sich entwickelnden Wirtschaft oder einer Ökonomie im Übergang (definiert anhand der jährlichen Einstufung der Vereinten Nationen) Übersetzungen und der freie Zugang zu Filmen, Büchern und Bildungsprogrammen unterstützt.

iknowthistobetrue.org

Die Menschen hinter dem Projekt

»Ein guter Kopf und ein gutes Herz sind immer eine hervorragende Kombination.«

– Nelson Mandela

Unser besonderer Dank gilt Gloria Steinem und all den großzügigen und inspirierenden Menschen, die wir als Führungspersönlichkeiten bezeichnen und die uns ihre Zeit geschenkt haben, um bei diesem Projekt mitzuwirken.

Für die Nelson Mandela Foundation:

Sello Hatang, Verne Harris, Noreen Wahome und Razia Saleh.

Für Blackwell & Ruth:

Geoff Blackwell, Ruth Hobday, Cameron Gibb, Nikki Addison, Olivia van Velthooven, Elizabeth Blackwell, Kate Raven und Tony Coombe.

Wir hoffen, dass wir gemeinsam Madibas außergewöhnliches Vermächtnis zum Wohl von Gemeinschaften weltweit mobilisieren können.

Anmerkung des Fotografen

Die Porträts in diesem Buch sind das Ergebnis einer Teamarbeit unter Führung von Blackwell & Ruths talentiertem Design-Direktor Cameron Gibb.

– Geoff Blackwell

Über Nelson Mandela

Nelson Mandela wurde am 18. Juli 1918 in Transkei in Südafrika geboren. Anfang der Vierzigerjahre engagierte er sich im Afrikanischen Nationalkongress und kämpfte viele Jahre lang gegen das Apartheidsystem der herrschenden Nationalen Partei, bevor er im August 1962 verhaftet und 1964 zu einer lebenslangen Freiheitsstrafe verurteilt wurde. In dieser Zeit wurde er zu einem weltweiten Symbol der Widerstandsbewegung gegen die Apartheid. Nach seiner Freilassung 1990 erhielt er 1993 mit dem Ende der Apartheid zusammen mit dem südafrikanischen Staatspräsidenten de Klerk den Friedensnobelpreis und wurde 1994 der erste demokratisch gewählte Präsident Südafrikas. Er starb am 5. Dezember 2013 im Alter von 95 Jahren.

Über die Nelson Mandela Foundation

Die Nelson Mandela Foundation ist eine 1999 von Nelson Mandela gegründete gemeinnützige Stiftung, mit der er nach seiner Amtszeit als Präsident seine politische Arbeit fortführte. 2007 erfolgte der Umbau der Stiftung, deren Aufgaben Nelson Mandela im Engagement für soziale Gerechtigkeit sah.

Die Stiftung hat sich zum Ziel gesetzt, mit ihrer Arbeit zu einer gerechten Gesellschaft beizutragen, indem sie das Vermächtnis Nelson Mandelas in Erinnerung ruft, über sein Leben und seine Zeit informiert und den Dialog zu wesentlichen gesellschaftlichen Fragen fördert.

Die Foundation bemüht sich, die Entwicklung von Führungsstärke in alle Aspekte ihrer Arbeit einzubeziehen.

nelsonmandela.org

Anmerkungen und Quellen

1   Gloria Steinem, *My Life on the Road*, München: btb Verlag 2016, S. 21

2   Gloria Steinem, »On Working Together Over Time«, in: Advocate, 2. Oktober 2013

3   Gloria Steinem, *My Life on the Road*, S. 80

4   Gloria Steinem, »Far From the Opposite Shore: How to Survive Though a Feminist«, in: *Ms. Magazine*, Juli 1978, S. 65

5   Louisa May Alcott (1832–1888), amerikanische Autorin, schrieb die Romanreihe *Little Women* (Betty und ihre Schwestern).

6   Wilma Pearl Mankiller (1945–2010), Cherokee-Aktivistin und Sozialarbeiterin, die erste Frau, die zum Oberhaupt der Cherokee Nation gewählt wurde.

7   Rayna Diane Green (geb. 1942), Autorin und Anthropologin. Kuratorin und Leiterin des American Indian Program am National Museum of American History der Smithsonian Institution, Washington, D.C.

8   Alice Walker (geb. 1944), Schriftstellerin, Feministin und politische Aktivistin. Autorin des Romans *The Color Purple* (*Die Farbe Lila*), für den sie den American Book Award und den Pulitzer-Preis erhielt.

9   Robin Morgan (geb. 1941), amerikanische Lyrikerin, Autorin und Aktivistin. Mitbegründerin und Redakteurin des *Ms. Magazine*

10 Kamaladevi Chattopadhya (1903–1988), indische Aktivistin und Feministin, engagierte sich in der indischen Unabhängigkeitsbewegung.

11 Vita Sackville-West (1892–1962), englische Lyrikerin und Schriftstellerin

12 Rebecca Adamson (geb. 1950), Cherokee-Anwältin und Gründerin des First Nations Development Institute und der First Peoples Worldwide

13 Leopold II. von Belgien (1835–1909). Gründete 1885 den Kongo-Freistaat, die heutige Demokratische Republik Kongo. Der belgische König war verantwortlich für Folterungen, Völkermord und weitere Gräueltaten gegen die kongolesische Bevölkerung; man schätzt, dass während seiner Herrschaft zwischen einer und 15 Millionen Menschen ums Leben kamen.

14 James Henry Breasted (1865–1935), amerikanischer Archäologe, Ägyptologe und Historiker

15 Das Projekt wurde vor der Corona-Pandemie konzipiert und ist möglicherweise Änderungen unterworfen.

Genehmigungen

Der Verlag dankt für die Erlaubnis zur Wiedergabe urheberrechtlich geschützter Werke, die mit Genehmigung verwendet wurden. Es wurden alle Anstrengungen unternommen, um die Inhaber:innen der Urheberrechte ausfindig zu machen, und der Verlag entschuldigt sich für unbeabsichtigte Auslassungen. Wir würden uns freuen, von den hier nicht genannten Urheber:innen zu hören, und werden uns bemühen, sie in späteren Ausgaben entsprechend zu berücksichtigen.

Seite 6, 11, 14, 35, 53: *My Life on the Road* von Gloria Steinem, copyright © 2015 by Gloria Steinem, mit Genehmigung des btb Verlags, München 2016; Seite 11, 42: »On Working Together Over Time«, Gloria Steinem, in: Advocate, 2. Oktober 2013, advocate.com/commentary/2013/10/02/op-ed-working-together-over-time; Seite 15: »Far From the Opposite Shore: How to Survive Though a Feminist«, Gloria Steinem, in: *Ms. Magazine*, Juli 1978, Nr. 65; Seite 19–20: Ansprache von Gloria Steinem beim National Press Club in Washington, D.C., 19. November 2013. Kompletter Text in der Winter/Frühjahr 2014-Ausgabe von *Ms. Magazine*, msmagazine.com/2015/03/21/our-revolution-has-just-begun; Seite 21: Gloria Steinem, Rede beim Women's March 2017, Washington, D.C., 21. Januar 2017; Seite 59: »Interview with Gloria Steinem on Equality, Her New Memoir and More«, Marianne Schnall, Feminist.com, feminist.com/resources/artspeech/interviews/ gloriasteineminterview; Seite 62: »Gloria Steinem's Advice for the Next Generation of Feminists is a Must-Read for Our Time«, Mary Wang, in: *Vogue*, 14. Oktober 2017, copyright © Conde Nast; Seite 69–70: *Nelson Mandela by Himself: The Authorised Book of Quotations*, hg. von Sello Hatang und Sahm Venter, Johannesburg: Pan Macmillan 2017, copyright © 2011 Nelson R. Mandela and the Nelson Mandela Foundation, mit freundlicher Genehmigung der Nelson Mandela Foundation, Johannesburg, Südafrika.

Erstmals in Deutschland im Elisabeth Sandmann Verlag 2022 erschienen.

© deutschsprachige Ausgabe
Elisabeth Sandmann Verlag GmbH, München
www.esverlag.de
978-3-949582-01-1
Übersetzung: Heike Schlatterer
Lektorat: Antonia Meiners
Satz: Anja Fuchs
Herstellung: Jan Russok
Druck und Bindung: ForPress, Nitra

© Originalausgabe
Produziert und erstellt von
Blackwell und Ruth Limited
Suite 405, Ironbank, 150 Karangahape Road
Auckland 1010, Neuseeland
www.blackwellandruth.com

Herausgeber: Geoff Blackwell
Chefredakteurin und Projektredakteurin: Ruth Hobday
Design-Direktor: Cameron Gibb
Produktionskoordinatorin: Jenny Moore
Redakteurin: Nikki Addison
Filmeditorin: Elizabeth Blackwell

Bildrechte © 2020 Geoff Blackwell
Layout und Gestaltung urheberrechtlich geschützt © 2020 Blackwell and Ruth Limited
Einleitung von Nikki Addison

Danksagungen für die Erlaubnis zum Nachdruck von bereits veröffentlichtem und unveröffentlichtem Material finden Sie auf Seite 87. Alle anderen Texte Copyright © 2020 Blackwell and Ruth Limited.
Nelson Mandela, die Nelson Mandela Stiftung und das Nelson Mandela Foundation sind eingetragene Marken der Nelson Mandela Foundation.

Alle Rechte vorbehalten. Kein Teil des Werkes darf in irgendeiner Form (durch Fotografie, Mikrofilm oder andere Verfahren) ohne schriftliche Genehmigung des Verlags reproduziert oder unter Verwendung elektronischer Systeme verarbeitet, vervielfältigt oder verbreitet werden. Die in diesem Buch zum Ausdruck gebrachten Ansichten stimmen nicht unbedingt mit denen des Herausgebers überein.